HOMMAGE A LA FRANCE

PAR

Jean FONTAINE.

......Moriamur, et in media arma ruamus.
Una salus victis, nullam sperare salutem.

......Mourons, précipitons-nous au milieu des armes.
L'unique salut des vaincus est de n'espérer aucun salut.

VIRGILE.

Ainsi nous ferons voir l'amour de la patrie,
Pour qui vont les grands cœurs jusqu'à l'idolâtrie.

CORNEILLE.

PRIX : 50 CENTIMES.

LIÉGE,
IMPRIMERIE DU JOURNAL L'*AVENIR*,
Quai d'Avroy, 30.

—

1870.

HOMMAGE A LA FRANCE

PAR

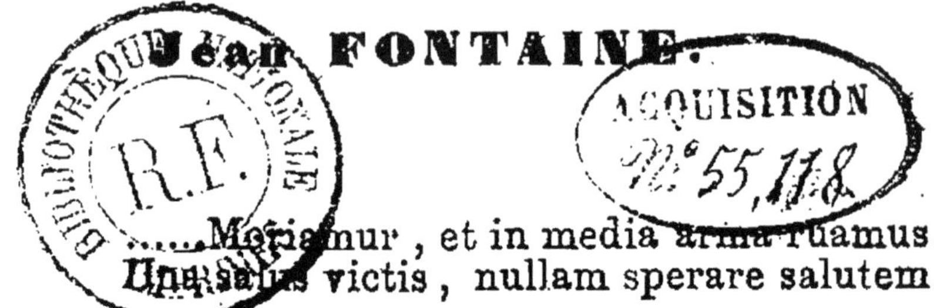

Jean FONTAINE.

......Moriamur, et in media arma ruamus.
Una salus victis, nullam sperare salutem.

......Mourons, précipitons-nous au milieu des armes.
L'unique salut des vaincus est de n'espérer aucun salut.

VIRGILE.

Ainsi nous ferons voir l'amour de la patrie,
Pour qui vont les grands cœurs jusqu'à l'idolâtrie.

CORNEILLE.

LIÉGE,
IMPRIMERIE DU JOURNAL L'*AVENIR*,
Quai d'Avroy, 30.

1870.

PRÉFACE.

À la France, ma glorieuse, ma radieuse

et ma tendre mère !

Quand j'étais jeune et heureux, je vous aimais déjà d'un amour sans fond ni rives : aujourd'hui que ma jeunesse s'est évanouie, et avec elle le bonheur, cette chose plus fragile encore que la vie, je vous adore d'un amour qui s'est agrandi et fortifié de toutes les éphémères et folles amours qu'il a absorbées.

Je vous aime, parce que vous êtes l'auguste mère de tous ceux qui ont eu la Gaule pour berceau, ou pour qui le Français est l'idiome maternel. Je vous aime, parce que dans votre sein repose la cendre vénérée de mes aïeux. Je vous aime, parce que ceux qui m'ont transmis leur sang et leurs exemples, ont souffert et combattu pour votre grandeur et votre gloire. Je vous aime, parce que vous êtes la patrie de Jeanne d'Arc, cette chaste fille du peuple et sa libératrice, de Porcon du Babinais, de d'Assas, de Vincent de Paul, de Vauban, de Fénelon, de Carnot, de Danton, de Desaix, de Drouot, et du garde d'artillerie Henriot qui fit sauter la citadelle de Laon, plutôt que de la rendre à l'ennemi : donnant ainsi un sublime exemple de dévoûment à la patrie qui ne fût malheureusement pas imité par le défenseur de Strasbourg que Saint-Juste eût certes fait guillotiner.

*
* *

Les généraux Custine et Bauharnais, qui portèrent leur tête sur l'échafaud, étaient moins coupables que cet Uhrich qui capitule avant d'avoir essuyé un suprême assaut, avec une armée de 17,000 hommes et 452 officiers, ouvrant ainsi une honteuse issue aux peureux et aux lâches, plaçant l'ennemi au cœur de l'Alsace, et démantelant le France d'un de ses plus inexpugnables boulevards !

Quand on n'est pas décidé à mourir et à s'ensevelir sous les ruines de la ville assiégée, on n'accepte pas la glorieuse mission de la défendre.

Au lieu de lui tresser des couronnes et d'aller à sa rencontre pour le remercier et lui faire honneur, c'était la hache du bourreau qu'il fallait lui envoyer, afin de terrifier tous ceux qui seraient tentés d'imiter sa funeste défaillance.

*
* *

Je vous aime, parce qu'aucune race n'a été plus illustre et plus vaillante sur les champs de bataille ni plus splendide dans le magnifique royaume des sciences, de la politique, de l'éloquence, des beaux-arts et des belles lettres. Je vous aime, parce que vous êtes la terre de la chevalerie, cette fleur de courtoisie chrétienne que l'antiquité n'a point connue. Je vous aime enfin, non pas tant parce que vous êtes entrée triomphalement, bannière déployée, et au bruit du clairon, à Rome, à Naples, à Milan, à Turin, à Florence, à Venise, au Caire, à Madrid, à Lisbonne, à Amsterdam, à Stuttgardt, à Munich, à Hanovre, à Dresde, à Berlin, à Vienne, à Varsovie, à Moscou, à Sébastopol, à Constantinople, à Alger, à Constantine, à Mexico et à Pékin: mais parce que vous protégez les faibles, bravez les puissants, défendez le droit, et mettez généreusement votre clémente et miséricordieuse épée au service de la justice, de la liberté et de l'humanité!

On dirait vraiment que vous avez choisi pour devise, ce vers héroïque du plus divin des poëtes de l'antiquité :

> Parcere subjectis, et debellare superbos.
> Pardonner aux vaincus, et dompter les superbes.

*
* *

Que la Convention, la plus véhémente, la plus colossale assemblée que le monde ait jamais vue, était bien le fier interprète de votre cœur et de votre génie, lorsque par l'organe de Lareveillère-Lepeaux, elle portait ce décret secourable, fraternel, humain qui suffirait à lui seul pour faire pardonner ses fureurs patriotiques, et lui attirer les bénédictions des peuples opprimés.

Le voici ce décret du 19 novembre 1792 :

« La Convention décrète que tout peuple qui voudrait être libre trouverait en elle appui et fraternité. »

*
* *

Quelle est la noble cause que vous n'ayez pas épousée, dédaignant tous les périls pour la servir et lui prodiguant votre or et votre sang?

Vous fûtes la marraine de la République des Etats-Unis d'Amérique, et vous mîtes votre épée sur son fragile berceau pour le protéger.

Vous tendîtes la main à la Grèce pour la régénérer et l'arracher sanglante et défigurée au joug ignoble des Turcs détestés.

Vous concourûtes à la révolution Belge par vos volontaires, lui donnâtes pour Tyrtée, Jenneval, l'auteur de la *Brabançonne*; et lorsque le général Chassé reçut de son maître obstiné l'ordre barbare d'incendier Anvers, vous fîtes signe à une armée française de franchir la frontière et de courir expulser de la citadelle d'Anvers le brutal soldat qui menaçait de bombarder la riche métropole de l'Escaut, le berceau de Rubens et de Van Dyck, l'éblouissant asile des chefs-d'œuvre de l'école flamande.

Enfin, vous ouvrîtes le suaire dans lequel l'Italie, cette reine brillante de la renaissance, était ensevelie, et vous la rappelâtes à la vie, à la lumière, à la liberté et à l'indépendance!

Et si la noble Pologne est tombée victime de l'odieux guet-apens de la Prusse, de l'Autriche et de la Russie : sans la lâcheté de vos rois et de leurs impudiques favorites, vous l'eussiez vengée et replacée sur le piédestal des nations libres!

*
*

Ah ! dites-moi donc, ennemis jaloux, envieux détracteurs de la France, à quelle tâche glorieuse et pénible elle s'est dérobée ?

La réforme? Mais après lui avoir donné Jean Calvin, le législateur de Genève, le théologien de la religion réformée, et cette pléïade d'écrivains et de polémistes, elle l'a sauvée par la politique de Richelieu aidée de l'épée du héros Suédois, Gustave Adolphe.

Sans la politique du grand Armand et l'or de la France pour soudoyer un sublime aventurier, la réforme expirait sous les intrigues des Jésuites, et la tyrannie étouffante de la maison d'Autriche.

*
* *

Et comment ne vous aimerais-je pas, ô ma douce et belle France? Je vous dois tout.

Mon père et ma mère m'ont donné, avec leurs tendres soins, leur chair et leur amour; mais c'est de vous surtout que j'ai reçu ce patrimoine moral qui s'augmente des vertus, de l'honneur et des lumières de chaque génération qui s'écoule ici-bas, et qui constitue l'inaliénable héritage et le bien le plus précieux des enfants sortis de votre sein inépuisable et béni.

Sur mon âme enthousiaste et pure de jeune homme, vos poëtes ont distillé leur miel embaumé, et fait couler leur lait divin.

Vos tragiques m'ont électrisé, vos comiques m'ont réjoui, vos élégiaques m'ont attendri, vos didactiques m'ont instruit et formé le goût, vos satyriques ont allumé dans mon cœur la sainte indignation du vice, et vos lyriques m'ont ravi jusqu'au ciel.

Mon intelligence engourdie, vacillante et remplie de ténèbres, vos philosophes l'ont secouée, affermie et inondée de la plus éclatante lumière. Mon cœur impétueux et bouillonnant sous le souffle des passions déchaînées ; vos moralistes l'ont calmé, purifié et discipliné en y faisant descendre la notion sacrée du devoir.

Mes facultés esthétiques somnolentes, stériles ou endormies, vos artistes les ont éveillées, fécondées et charmées.

Mon imagination, la lyre de vos poëtes l'a enchantée et transportée. Le bon sens naturel que Dieu, dans sa bonté, a départi à chacune de ses créatures faites à son image, vos prosateurs, les premiers du monde, l'ont fortifié et charmé.

Mes facultés oratoires et vibrantes, vos

orateurs, les plus féconds, les plus artistes, les plus séduisants et les plus éloquents qu'on ait entendus depuis l'Agora et le Forum, les ont captivées et enivrées.

Mes aspirations guerrières, vos héros, les plus beaux, les plus jeunes, les plus attrayants des enfants des hommes, les ont comblées.

Dans quel siècle, dans quel pays, pourrait-on rencontrer des capitaines aussi juvéniles, aussi brillants, aussi sympathiques, aussi charmants, aussi admirables, aussi vertigineux que vos généraux adolescents? Ce sont les météores des champs de bataille.

Si à sa démarche seule on reconnaît la déesse des plaisirs — *vera incessu patuit Dea* — à la beauté du visage, à l'allure martiale, à la rapidité des mouvements, à la manœuvre leste, dégagée et rapide, à la grâce, à je ne sais quoi de jeune, de confiant, d'aimable et de majestueux, on reconnaît le héros français.

Les dieux d'Homère n'ont pas l'air plus olympien !

Voyez Gaston de Foix mourant au sein de sa victoire de Ravenne : il a 21 ans. C'est ce jeune homme imberbe qui a révélé au monde étonné la *furia francese* aujourd'hui proverbiale.

Voyez Turenne, le père du soldat, la vertu incarnée, la pureté, la probité, l'honneur de l'armée française; voyez-le pendant son admirable campagne du Rhin déployer de nouvelles qualités guerrières qu'on ne lui soupçonnait pas.

Il tombe, jeune encore, frappé au cœur par un boulet qui brise du même coup le bras droit du général d'artillerie Saint-Hillaire, qui l'accompagnait dans la reconnaissance des lignes ennemies.

Saint-Hillaire se relève sanglant et mutilé, et s'adressant à son fils qui pleurait sa blessure, il lui dit : « pleurez ce grand homme plutôt. »

Et le général autrichien, l'italien Monteculli, en apprenant la mort de son glorieux adversaire, ne peut d'abord dissimuler sa joie ; mais bientôt revenant à des sentiments plus nobles, il prononce ces belles paroles dans la bouche d'un ennemi : « Il vient de mourir un homme qui faisait honneur à l'homme. »

Voyez le grand Condé à Rocroy, broyant à son début dans la carrière des armes, les vieilles bandes espagnoles commandées par le comte de Fontaine, porté en litière au milieu des combattants ; ou jetant son bâton de maréchal de France dans les lignes de

Fribourg pour que les français courussent le ramasser : il a vingt ans !

Voyez Luxembourg à Steinkerque, charger, l'épée à la main, les escadrons ennemis et triompher de la ténacité de Guillaume III.

L'admiration publique l'a surnommé le tapissier de *Notre-Dame*, tant il rapporte de trophées et de drapeaux pris à l'ennemi.

Luxembourg, général d'inspiration et de mouvements soudains, faisant la guerre en grand seigneur, souvent surpris, jamais vaincu, était disgrâcié de la nature : Guillaume disait toujours : « Ne pourrai-je donc battre ce petit bossu ? »

Voyez Catinat, cet officier de fortune, sorti d'une famille de robe, d'abord avocat, premier exemple du général plébéien.

Il y a en lui quelque chose d'antique. Il fait son chemin lentement, à force de mérite, il commande tard et n'est jamais en faveur. Il ne demande rien, reçoit peu, souvent refuse. Les soldats qui aiment sa simplicité et sa bonhomie, l'appellent le Père la Pensée. La cour s'en servait à regret. Quand il eut battu le duc de Savoie à Staffarde, pris Saluces et forcé l'ennemi à Suze, Louvois lui écrivait : « Quoique vous ayez fort mal servi le roi cette campagne, Sa Majesté veut bien vous conserver votre gratification ordinaire. » Catinat ne se rebute de rien ; il endure avec la même patience les rudesses de Louvois et les difficultés de cette dure guerre des Alpes (*).

Voyez Marceau — ses cendres reposent près de Coblenz — dont la mort prématurée est pleurée par l'armée autrichienne : c'est encore un enfant.

Hoche a gagné des batailles, remporté des victoires, pacifié la Vendée : et il meurt empoisonné, dit-on, à moins de 29 ans !

Regardez Kléber, cet intrépide soldat de l'armée de Mayence et de la Vendée : regardez-le sous le brûlant soleil d'Egypte à la bataille d'Héliopolis : ne diriez-vous pas le Dieu de la guerre en personne ?

Enfin ne détournez pas les yeux du jeune Bonaparte, malgré les épouvantables malheurs que son ambition délirante et celle de ses indignes héritiers vous ont causés.

Saluez-le, pendant cette immortelle et foudroyante campagne de 1796, qu'il achève avec la rapidité d'Alexandre, et qu'il décrira plus tard dans l'exil avec la plume de César.

Voyez-le courir, voler, de Montenotte, Castiglione à Arcole et à Rivoli, brisant, dispersant, frappant d'épouvante les armées

---

(*) Michelet.

autrichiennes qu'on oppose à sa course impétueuse.

Découvrez-vous devant ce général couvert des lauriers de la victoire : il a 27 ans !

Bonaparte restera la plus éblouissante gloire militaire de notre panthéon national, et la lâche capitulation de Sedan ne peut ternir l'éclat fulgurant de ce nom épique.

* * *

Ainsi, mère féconde, à l'intarissable et divine mamelle, j'ai puisé dans Corneille la force, la grandeur, l'éclat et la magnanimité; dans Racine la grâce, la suavité, l'amour et la pitié ; dans Molière la gaieté noble et le rire gaulois ; dans Boileau la rectitude et la mesure ; dans la Fontaine la bonhomie inimitable et le respect de nos frères inférieurs — les bêtes — ; dans Voltaire la flamme, l'étincelle et la moquerie ; dans Baumarchais le trait ; dans André Chénier la divination de l'antiquité, et un aperçu lumineux du génie grec ; dans Descartes la raison pure ; dans Pascal l'ampleur colossale de la pensée et de la forme ; dans Bossuet la majesté biblique ; dans Fénelon la sérénité et le charme de l'Odyssée ; dans Claude Lorrain la magie du paysage ; dans Jean Goujon l'idéal de la statuaire ; dans le Poussin la pensée traduite par le pinceau ; dans Perrault la grandeur imposante des colonnades du Louvre ; dans Montesquieu l'esprit qui sonde les lois en remontant à leur source ; dans Buffon le génie et l'interprétation de la nature ; dans Rousseau la verve amère et mélancolique d'un prophète sublime mais égaré qui flagelle impitoyablement les vices d'une société corrompue ; dans Turgot la science des richesses et l'amour du peuple; dans nos grands jurisconsultes la raison écrite, le respect et le culte du droit; dans Didérot l'enthousiasme; dans Mirabeau et Vergniaud les plus fiers et les plus mélodieux accents qui aient jamais retenti à la tribune aux harangues; dans la *Constituante*, la *Législative* et la *Convention*, ce Sinaï des droits de l'homme, le plus profond amour de l'humanité qui eut jamais animé des législateurs chargés du bonheur de leurs semblables !

Enfin, Augustin Thierry, Guizot, Henri Martin et Michelet en déroulant nos annales, m'ont appris à connaître et à révérer nos ancêtres; Victor Hugo m'a fait vibrer sa corde d'airain; Lamartine m'a soupiré, sur la harpe éolienne, la mélancolie, la religion et l'amour; et Alfred de Musset essayait de me cacher, l'infortuné! sa tristesse et son incurable satiété sous une robe d'odalisque et sous la poésie, la plus svelte, la plus sémillante..... la plus primesautière qui fut jamais!

*
* *

En retour de ces bienfaits, de ces grâces, de ces saintes et inénarrables voluptés, je m'agenouille à vos pieds que j'embrasse et vous adresse cette humble prière :

Mère, voici ma chair, prenez-la, et servez-vous-en comme d'un bouclier. Voici mon sang, répandez-le, et puisse-t-il avec celui de vos autres enfants former un fleuve assez large et assez profond pour vous mettre à l'abri de l'ennemi qui vous déchire le sein.

Heureux, ô ma mère bien-aimée, si par ce joyeux sacrifice de ma chair et de mon sang, je puis expier les fautes commises, et rallumer le patriotisme qui semble éteint dans le cœur de vos enfants égarés !

On dit que, dans l'Inde, de fanatiques sectaires se précipitent sous les roues du char qui traîne leurs idoles menteuses, se faisant ainsi joyeusement broyer pour complaire à leurs Dieux de bois ou d'argile.

Et nous, vos fils, enfantés, nourris, bercés, élevés, choyés, illustrés par la plus noble, la plus belle, la plus dévouée et la plus auguste des mères, nous hésiterions à vous immoler avec joie, notre richesse, notre bien-être, notre fortune, notre repos et notre vie !

Arrière et honnis soient les indignes et mauvais français qui nourrissent d'aussi vils et d'aussi abjects sentiments !

Saint-Maur, ce 24 octobre.

JEAN FONTAINE.

LES

LIÉGEOIS AUX FRANÇAIS!

ADRESSE DE SYMPATHIES

A la Nation française qui s'apprête à mourir pour défendre sa vie, son honneur et sa liberté, votée le 23 octobre 1870, avec applaudissements, larmes et enthousiasme, par le peuple Liégeois, réuni en Assemblée générale,
Au Pavillon de l'Allée-Verte (Faubourg Vivegnis).

CHERS ET BIEN-AIMÉS FRÈRES !

......Moriamur, et in media arma ruamus.
Una salus victis, nullam sperare salutem.

......Mourons, précipitons-nous au milieu des armes.
L'unique salut des vaincus est de n'espérer aucun salut.

ENÉIDE, L. II.

Depuis le commencement de cette cruelle guerre, qui plonge dans la détresse, dans le sang, le deuil, l'épouvante et la mort, deux nations dont la destinée providentielle est de se respecter, de s'aimer, de s'entr'aider, de se concerter, de se compléter et de rivaliser dans la pacifique et féconde carrière des sciences, des lettres, des arts, de la liberté et de la civilisation générale dont elles sont les deux plus illustres promoteurs, les deux plus magnifiques et lumineux flambeaux, nous n'avons cessé d'en suivre, avec la plus horrible angoisse, les diverses, les soudaines et les tragiques péripéties.

De Wissembourg, cette première infidélité de la victoire au drapeau de la France, cette héroïque défense d'une poignée de français contre une armée formidable, jusqu'à Sédan, cette capitulation infamante due à cet histrion couronné, qui a trouvé moyen en disparaissant de la scène du monde qu'il n'avait usurpée que par le parjure et le plus odieux attentat contre les lois de son pays, de souiller les deux choses les plus augustes de votre éblouissante histoire : la robe militaire de la France, et le nom glorieux, resplendissant qu'il était mille fois indigne de porter, nous avons suivi pas à pas, les yeux pleins de larmes, les traces de votre sang répandu sur les nombreux champs de carnage où, mal commandés, mal outillés, mal nourris, mal gardés, peu disciplinés et disséminés sur un trop vaste théâtre, vous deviez être, malgré des prouesses dignes des plus beaux jours de la valeur française, la proie, la victime d'un ennemi qui avait pour lui l'immense supériorité du nombre, de l'artillerie, de la cohésion, de la vigilance, de la discipline *physique et morale*, de la science, de la stratégie, et d'une confiance sans bornes et méritée dans ses chefs politiques et militaires.

*
* *

Nous n'essaierons pas de vous dépeindre notre consternation et notre désespoir lorsque nous vîmes s'évanouir si brusquement le prestige militaire de la France que nos ancêtres et les vôtres avaient promené triomphalement sous tous les climats, et porté au plus haut faîte de la gloire et de la renommée.

Car depuis les Romains, ces antiques maîtres du monde, vos devanciers et vos émules, jamais peuple ne posséda une épopée militaire comparable à celle de la France que William Shakspeare appelle le soldat de Dieu, et que nous appelons, nous, le soldat du droit, de la liberté et de l'indépendance des peuples.

*
* *

Bien que nous soyons séparés *politiquement* de vous, depuis plus d'un demi-siècle, et que nous ayons été constitués par l'Europe — de tout temps jalouse et envieuse de la France, — d'une certaine façon qui nous gêne un peu dans la libre expression de nos préférences, de nos sympathies ét de nos amours, nous avons gardé, nous gardons, et nous garderons, jusqu'à l'éxtinction de la race wallonne, cette communauté éternelle de langage, de mœurs, d'idées, de sentiments, d'affections, de souvevenirs glorieux ou terribles, de malheurs illustres ou lamentables, que nous devons à une origine identique, et à une situation géographique qui font que nous sommes la chair de votre chair, le sang de votre sang, et que chacune des secousses, des convulsions qui vous agitent et vous bouleversent, chacune des catastrophes politiques, militaires, financières ou industrielles qui vous affligent et vous ruinent, ont instantanément chez nous leur inévitable contre-coup.

* * *

Si une française aussi illustre que charmante, aussi rare écrivain que mère tendre et dévouée, a pu dire, en écrivant à sa fille chérie qu'elle avait mal à sa poitrine, nous pouvons, nous Wallons, imitant ce langage aussi touchant que magnifique, nous exprimer pareillement vis-à-vis de la France, en nous plaçant au triple point de vue de nos affections de race, de nos intérêts industriels, manufacturiers et agricoles, et de notre sécurité.

Car que sommes-nous autre chose qu'un petit peuple libre, riche, heureux et prospère gravitant comme un satellite dans le vaste orbite de l'astre français ?

*
* *

Oui, bons frères, sachez-le bien, que les insensés, que les coupables et aveugles amis de la Prusse absorbante le sachent, que notre gouvernement, que notre royauté et nos diplomates le sachent, que l'Allemagne, la Russie et l'Angleterre le sachent aussi : votre honneur c'est le nôtre, votre grandeur nous est chère, votre suprématie intellectuelle nous enorgueillit, votrè force nous protége, votre génie ne peut pâlir sans diminuer la lumière qui nous éclaire, votre prestige ne peut s'amoindrir sans préjudice matériel et moral pour nous : enfin vous ne perdez pas un atome de richesse, de poids, d'influence dans le monde, sans nous en faire perdre tout juste autant. Et si la France descendait demain au tombeau, nous devrions, nous Belges, nous Wallons, réciter la prière du Chartreux en disant : Frères, il faut mourir.

*
* *

Finis Poloniæ, s'écriait tristement en 1792 le patriote Kociusko, en parlant de son infortuné pays; eh bien, si un jour on devait dire en parlant de la France : *Finis Galliæ*, on devrait répéter le même jour pour la Belgique cette lugubre variante : *Finis Belgiæ*, car la France ne peut mourir sans entraîner la Belgique sa fille dans les plis de son suaire.

*
* *

Il y a plus : la Hollande, la Suisse, l'Italie, le Danemark, la Suède et la Norwége, la Roumanie et la Valachie pourraient sonner leurs funérailles, comme nations indépendantes, et apprêter leurs draperies mortuaires.

*
* *

Que ces vérités échappent aux habitués prétentieux des brasseries, à la plèbe élégante des discoureurs et des politiciens des cafés-concerts, nous le comprenons sans peine, car nous connaissons la profondeur de leur ignorance , et l'étroitesse de leur horizon intellectuel. Mais qu'elles soient méconnues par des écrivains, des journalistes, des ministres , et des fonctionnaires haut placés dans la hiérarchie, voilà ce que nous ne parviendrions jamais à comprendre, si nous n'étions témoins de l'empire qu'exercent sur les meilleurs esprits, la routine et les complaisances administratives, les appointements et l'amour du bien-être.

*
* *

Pour qu'un Belge, un Wallon, un homme de langue française, se désintéresse des destinées de la France, il faut qu'après avoir arraché le cœur de sa poitrine, et expulsé le sang de ses veines, il change son nom, sa langue, ses habitudes, ses mœurs, ses allures, le moule de son intelligence, et la forme que revêt sa pensée.

Mais alors il aura dépouillé les caractères distinctifs de la race française, et pourra à son aise, sans crime, sans folie ou bêtise, faire des vœux pour que M. de Bismark et son maître, ce roi sans scrupule et sans parole, réussissent dans leur projet de déshonorer et d'anéantir la France.

*
* *

La diplomatie en nous gratifiant du privilége de la neutralité politique qui nous met en quelque sorte en dehors de l'humanité militante et souffrante, n'a pu songer sans doute à comprimer les élans de notre cœur, à en arrêter les battements généreux et sympathiques, à rendre nos yeux secs et indifférents et nos lèvres muettes, comme celles des sphinx accroupis sur le seuil des temples de l'Egypte.

L'accueil fraternel et ému que nous avons fait aux soldats français refoulés sur notre territoire, lui démontrerait combien ce calcul eut été vain et chimérique.

Les peuples, comme les individus, ont une âme vivante qui, tour à tour ou simultanément, aime ou exècre, maudit ou bénit, se câbre ou se courbe, approuve ou flétrit les causes qui se plaident devant son tribunal. Cette âme toujours active et agissante et jamais indifférente, repousse avec colère les exigences comme les convenances d'une situation politique artificielle et les oracles creux et menteurs d'une neutralité aussi difficile en fait qu'immorale et impossible en droit.

Le peuple, lui, ne fait point de cette métaphysique politique. N'ayant pas été nourri et élevé dans les noirs couloirs des chancelleries, il n'en connaît pas les détours, et juge toutes les questions politiques qui se présentent à son bon sens, avec cette infaillibilité d'instinct préférable aux lueurs trompeuses d'une science contestée.

*
* *

La nation, des flancs de laquelle il est issu comme un vigoureux et verdoyant rameau, est-elle menacée par un ennemi implacable et sans loyauté ; se débat-elle dans une convulsion suprême contre une nuée d'envahisseurs qui l'ont surprise, désarmée, ignorante de la vérité, par un gouvernement criminel ?

Le peuple rejeton, le peuple fils, ne pèse pas rigoureusement les torts réciproques des combattants, non ; mais il pâlit, il pousse un cri de fureur, et se précipite au secours de sa mère en détresse, obéissant ainsi à la voix impérieuse et sacrée de la famille et de la consanguinité.

*
* *

Il faut que les économistes, ces philosophes de la richesse, et les fonctionnaires, ces adorateurs du traitement, en prennent leur parti : la voix du sang, la solidarité de race, la communauté d'origine et de mœurs, l'identité de langage et de génie, les souvenirs immortels d'une gloire commune, l'instinct des grandes choses qu'on pourrait occomplir si on était réuni, l'orgueil de famille, la fierté du nom qu'on porte parmi les nations, bref la parenté, cette indissoluble alliance l'emporte, dans les crises, sur l'empire d'une froide raison, l'égoïsme dynastique et les suggestions mesquines et lâches de la peur et des intérêts matériels.

*
* *

L'homme est une trop noble créature pour se complaire exclusivement dans le repos, dans la richesse, le bien-être et la sécurité. La vie est un combat, il le sait ; aussi veut-il lutter, mourir même pour le droit, la justice et la liberté.

Son cœur a des besoins, son âme a de célestes appétits, il veut se jeter dans la mêlée où luttent et meurent ses semblables, avoir une opinion et la soutenir au péril de sa vie.

*
* *

Obliger un homme à demeurer neutre, indifférent, impassible, imperturbable au milieu des vicissitudes, des révolutions et des guerres qui bouleversent et modifient les sociétés, c'est méconnaître sa nature sublime, c'est le tuer, c'est couper les ailes et briser le cœur de cette divine créature.

Or, ce qui est vrai d'un homme, l'est aussi d'un peuple qui n'est qu'une collection d'hommes.

*
* *

Le vieux poëte Térence comprenait mieux, il y a plus de deux mille ans, la dignité et la solidarité humaine, que nos tristes diplomates d'aujourd'hui, lorsque dans son admirable langage il prononçait ce vers que pourrait lui envier le fils de Marie :

Homo sum, nihil humani alienum esse puto.

Je suis homme, et tout ce qui les touche m'intéresse.

*
* *

De même qu'un frère s'élance au secours de son frère qu'il voit aux prises avec un ennemi, et prend à la gorge celui qui s'apprête à le terrasser, sans demander la cause du conflit, obéissant ainsi à une impétuosité de tendresse qui empêche ou annule toute réflexion ; de même un peuple de même race, de même langue, et de même génie, nourri des mêmes idées, et des mêmes traditions, prend soudain fait et cause pour le peuple frère qui défend sa vie et son honneur dans un duel à mort avec un peuple étranger.

*
* *

C'est à ce sentiment de nature, à cette consanguinité, que, nous Liégeois, nous avons cédé irrésistiblement, presque fatalement, depuis les commencements de ce tissu d'horreurs sanglantes qui outragent et font frémir l'humanité depuis plus de trois mois, et bien avant que des désastres que nous ne voulons plus nommer, eussent affligé le drapeau français !

*
* *

Mais si déjà dès le début de cette guerre si criminellement engagée, si ineptement préparée et si sénilement dirigée par un gouvernement dont l'aveuglement égalait l'incapacité et la perfidie, nous faisions des vœux pour l'armée française, que ne ferons-nous pas aujourd'hui que la France a repris entre ses mains ses propres destinées, et confié la défense de la patrie envahie à des hommes qui l'honorent par leurs lumières autant que par leurs vertus, leur patriotisme et leur dévouement ?

Depuis l'avénement de la République du 4 septembre et les propositions de paix que avez faites à la Prusse, les rôles sont intervertis : d'agresseurs vous êtes devenus défenseurs, et tout l'odieux de la guerre qui se prolonge est pour votre implacable et féroce ennemi.

*
* *

Vous avez cherché à désintéresser le vainqueur, à la sincérité et à la loyauté duquel vous pouviez croire, puisqu'il avait solennellement déclaré qu'il n'en voulait qu'à l'empereur qui l'avait attaqué, et nullement à la nation. Mais contrairement à votre légitime espoir, vous n'avez rencontré chez lui qu'un ennemi parjure, fourbe, perfide et insolent, abusant d'une victoire inespérée, et résolu à faire descendre la France de l'apogée de gloire où nos communs ancêtres l'avaient élevée par d'héroïques travaux.

*
* *

Dans ces tristes et douloureuses conjonctures, nous, peuple Liégeois, réuni en assemblée générale au Pavillon de l'Allée-Verte, au faubourg Vivegnis, nous venons vous supplier de ne faire aucune concession, aucun traité, aucune paix, de n'accorder aucun armistice tant que l'ennemi souille la terre française, et de lutter, de combattre, de mourir plutôt que de subir les humiliantes conditions de ce ministre cruel, barbare, orgueilleux, et enivré d'une fortune inopinée qui lui a donné le vertige de l'enfer.

*
* *

Si vous croyez que nos bras puissent vous aider à refouler au-delà de vos frontières le farouche et obstiné envahisseur, faites-nous signe, et nous accourons, quelles que soient les vaines et grotesques menaces des journalistes matamores de l'Allemagne, et les obstacles sérieux que nous opposent les fils d'araignée de la diplomatie de l'Europe qui assiste lâchement, froidement à un écrasement, à un étouffement d'un peuple d'artistes, de héros, d'écrivains et de penseurs, par des armées qui montent sans cesse des profondeurs intarissables de la prolifique Germanie.

*
* *

Potius mori quam fœdari.

Plutôt mourir que de se déshonorer. C'est ce qu'écrivaient sur les murs de leur cachot, vos illustres et infortunés Girondins, la veille de leur glorieuse mort sur les échafauds de la terreur. Eh bien! bons frères, et vous aussi vous devez mourir plutôt que de vous déshonorer en aliénant un pouce de terre de cette vaillante Alsace qui a donné à la France Kléber, que les soldats turcs et égyptiens, frappés de son intrépidité et de sa beauté martiale, appelaient le Sultan de feu. Vous devez mourir jusqu'au dernier, plutôt que de céder un atome de poussière de la ville de Strasbourg, le berceau sacré de la *Marseillaise*, la cité patriotique du maire Dietrich, dans la famille patriarchale de qui Rouget de l'Isle laissa jaillir de son âme électrisée ces strophes brûlantes qui firent tant de fois tourner le dos à nos ennemis.

* *
*

Ah ! nous aimerions mieux vous voir tous ensevelis sous les décombres de la France bouleversée de fond en comble !

* *
*

Céder l'Alsace, céder Strasbourg, un des sanctuaires du patriotisme français ! ! !

Non, non, jamais ! Mourez tous, mourons tous en répétant les paroles de Panthée :

Venit summa dies et ineluctabile tempus
Dardaniæ ! Fuimus Troes ; fuit Ilium (1) et ingens
Gloria Teucrorum ! ferus omnia Jupiter Argos
Transtulit ; incensa Danai dominantur in urbe.

(1) Mon auditoire allumé haletait d'émotion. Ne voulant pas le laisser s'éteindre, et pour plus de pathétique, je traduisis les mots : *Dardaniæ Ilium*, par ceux de : *France*, *Paris*, etc.

« Il est venu le dernier jour, le terme fatal de la France. C'en est fait des Français, c'en est fait de Paris et de la gloire fameuse de ses enfants ; l'impitoyable destin a donné la victoire aux Prussiens, les Prussiens règnent en maîtres dans la ville embrasée !.... »

* *
*

Pour oser demander à un français illustre et patriote un pareil sacrifice, et lui faire des propositions aussi révoltantes et monstrueuses, il faut être cet homme, ce de Bismark que Jules Favre a stigmatisé à la tribune de la méprisante épithète de contempteur du droit ; il faut être cet homme au cœur de bronze, aux froides et inexorables entrailles qui a juré de consommer ses atroces desseins par le fer et par le feu !

Il n'y a qu'un bandit qui dise à un père : cède-moi ton fils, et à une mère : cède-moi ta fille, je veux la souiller de mes immondes baisers ! Mais de Bismark et son royal complice sont-ils autre chose que deux féroces bandits dignes des plus terribles châtiments?

* *
*

Bons frères, si nous vous tenons ce mâle et indomptable langage , fidèle expression de nos âmes indomptables, c'est parce que nous le jugeons seul digne de vous et de nous.

D'ailleurs en défendant votre gloire, c'est la nôtre que nous défendons ; en protégeant l'honneur français, nous protégeons l'honneur wallon ; en assurant la grandeur et la splendeur du nom Français, c'est la grandeur et le respect du nom Belge que nous garantissons.

Vos ennemis qui sont les nôtres le savent bien, quoiqu'ils affectent de nous distinguer, de diviser nos intérêts identiques, et de séparer notre commun avenir, et nos semblables destinées.

* * *

Vos ancêtres et les nôtres ne marchaient-ils pas, la main dans la main, en combattant les mêmes ennemis ?

Nos pères s'aimaient comme deux frères jumeaux.

Ensemble, ils étaient à Valmy où ils poussèrent ce cri (le premier qu'une armée poussa depuis les Romains) de : Vive la nation ! qui fit tressaillir d'épouvante l'armée prussienne.

Ensemble ils étaient à Jemmapes, ensemble ils chantaient la Marseillaise en marchant aux redoutes des Autrichiens.

Ensemble, ils vainquirent à Wattignies, à Fleurus, à Zurich et à Marengo !

Ensemble, ils culbutèrent les Prussiens à Iéna et à Friedland !

Ensemble, ils furent sur les bords du Nil et au Caire, et contemplèrent au désert les antiques pyramides des Pharaon !

Ensemble, ils bivaquèrent dans les sables du Brandebourg, et entrèrent à Postdam et à Berlin où vous seriez aujourd'hui si vous aviez eu à votre tête des généraux dignes de votre valeur, de votre antique et illustre renommée !

Si les pères se sont tant aimés, pourquoi les fils, renouant la chaîne des temps, ne s'aimeraient-ils pas aussi ?

*
* *

Bons frères, que vos campagnes soient ravagées, vos maisons incendiées, vos châteaux renversés, vos palais détruits, vos fleuves détournés, vos ponts brisés, vos trésors dissipés, vos fils et vos frères massacrés, vos femmes veuves et vos enfants orphelins, c'est là sans doute un malheur, un grand malheur, un malheur qui fait frissonner la nature, mais c'est un malheur réparable en quelque sorte.

Mais que la gloire, le nom, la réputation,

l'honneur d'une nation qui a rempli l'univers du bruit de ses exploits, et enchanté l'Europe des merveilles de son génie, soient flétris pour toujours : ce serait là un bien plus grand malheur, et celui-ci serait irréparable à jamais !

*
* *

Une ou deux générations, 10 à 15 milliards, que vos descendants industrieux et économes amasseront sans trop de peines, le soleil du bon Dieu, la bonté de votre sol, vos richesses minérales, le courage et le génie des Français, suffiront à faire refleurir le commerce, l'agriculture et les arts, à reboiser les collines, à reconstruire les ponts, à rebâtir les châteaux et les palais, et à élever de nouveaux arcs de triomphe !

Grâce à Dieu, il ne manque pas de pierres dans les carrières de France. Il y a encore du marbre dans les Vosges, dans le Jura et aux Pyrénées ; vos artistes n'ont pas oublié le maniement du ciseau; et les émules des Mansard, des Pierre Lescot, des Jean Bullant, des Jacques de Brosse ne sont pas tous morts !

Mais des siècles plus nombreux que les sables de la mer, que les étoiles du firmament ne suffiraient pas à rendre l'honneur à un peuple qui l'aurait lâchement perdu !

*
* *

Shakspeare nous montre dans une de ses tragédies, Lady Macbeth, poursuivie par le remords d'avoir assassiné Malcolm pendant son sommeil, se levant la nuit, et versant sur son homicide main tous les parfums d'Arabie pour en ôter cette tache de sang qu'elle croyait y apercevoir dans son trouble.

Tu as beau faire, Lady Macbeth, tu as beau répandre sur ta coupable main tous les corrosifs du monde, la tache criminelle y restera éternellement !

Eh bien ! si un peuple guerrier, un peuple de 40 millions d'habitants, un peuple qui compte parmi ses aïeux Jeanne d'Arc, la vierge de Vaucouleurs ; Jeanne Hachette, l'héroïne de Bauvaix ; Gaston de Foix, ce général en chef de 20 ans, mort au milieu de sa victoire de Ravenne; Porcon du Babinais, ce Régulus breton qui aima mieux retourner mourir à Alger que de manquer à sa parole ; Turenne, l'honneur militaire incarné; Condé, ce jeune homme qui, à 20 ans, triomphait à Rocroy des vieilles bandes Espagnoles commandées par l'héroïque de Fontaine ; Catinat, le soldat philosophe ; Villars, le vainqueur de Denain ; Jean Bart, le corsaire redouté ; Duquesne, le vainqueur de Ruyter ; d'Assas, le dévouement sublime à l'armée; Suffren, l'illustre marin ; Hoche, Marceau, Desaix, et ce garde d'artillerie de Laon, Henriot, qui aima mieux mourir en faisant sauter la poudrière que de se rendre à l'ennemi ; si un pareil peuple de héros et de martyrs acceptait la paix avant l'expulsion du dernier Prussien ou Allemand, il se déshonorerait devant l'histoire, et se couvrirait d'une tache d'infamie plus indélébile que celle de Lady Macbeth.

*
* *

Dans sa divine comédie, Dante nous dit qu'il vit gravé sur la porte de l'enfer ce vers formidable qui fait venir la sueur au front du plus brave :

O voi che entrate, lasciate ogni speranza.
O vous qui entrez, laissez toute espérance.

*
* *

Si les Français s'avisaient de conclure une paix avant d'avoir chassé le dernier uhlan qui se promène la lance au poing, infestant leurs campagnes et rançonnant leurs villes : sur la porte de bronze du sépulcre où la France serait descendue, l'histoire graverait cette sévère et juste épitaphe :

Ci-gît ce grand peuple de France, celui

dont les ancêtres firent trembler les pères conscrits sur leurs chaises curules, et dont le courage était si superbe. si téméraire, si fabuleux, qu'ils ne craignaient qu'une seule chose, disaient-ils : la chute de la voûte du ciel sur le fer de leurs lances.

Ci-gît le peuple de Rocroy, de Fribourg, de Senef, de Fontenoy, de Rivoli, d'Héliopolis, d'Aboukir, de Ligny, de Montereau, de Montmirail, de l'Alma, de Wissembourg, et de Wœrth : il est mort pour avoir douté de lui et de sa bravoure !

*
* *

Et vous seriez morts, Français ! et vous seriez exécutés, piloriés par ces exécuteurs des hautes-œuvres qu'on appelle Tacite, Juvénal, Suétone.

Et vous seriez flétris comme des fils dégénérés de vos pères si glorieux ! Et vous seriez indignes de ce patrimoine de gloire et d'honneur, le plus riche, le plus copieux, qu'aucun peuple reçut jamais en héritage.

Oui, Français, vous seriez morts, bien morts, sans résurrection possible. Vous ne seriez plus qu'un infect cadavre de peuple dans l'ossuaire fétide des siècles !

*
* *

O frères, trois fois chers et trois fois aimés, vous ne commettrez pas cette infamie, ce crime immense, gigantesque, inexpiable, crime qui causerait une universelle horreur.

Oh ! non, vous ne tuerez point la plus noble, la plus radieuse, la plus humaine, la plus généreuse, la plus miséricordieuse, la plus clémente, la plus suave, la plus lettrée, la plus artiste et la plus sympathique de toutes les nations du globe. Non, non, vous ne commettrez point ce meurtre énorme ! Mais, saisissant la redoutable et flamboyante épée de la France, vous la brandirez avec fureur et la plongerez, jusqu'à la garde, dans le sein du traître qui parlera de se rendre, et de tout Allemand qui voudrait vous dicter la paix sur le sol français.

Sursùm corda !

*
* *

Si vous n'étiez pas Français, si vous n'étiez pas des preux, des vaillants, des hommes intrépides et résolus à mourir pour votre patrie, nous vous dirions : Pensez aux Romains qui, après les désastres de Canne et de Trasimène, allèrent au devant du consul vaincu pour le remercier de n'avoir pas douté de ses concitoyens ; et mirent à l'encan le terrain même où campait leur vainqueur Annibal, qui fut acheté plus cher qu'en pleine paix.

Nous vous dirons encore : pensez à Numance, à Sagonte, à Carthage où les femmes se coupèrent les cheveux pour en faire des cordages. Pensez à Sarragosse et à son défenseur Palafox ; pensez à Paris, assiégé au XVIe siècle par Henri IV. Les assiégés y furent si héroïques, si résolus à tout braver, à tout endurer plutôt que de capituler, qu'ils mangèrent, chose horrible ! les ossements des morts convertis en une farine abominable !

Si on recourut à ces miracles d'énergie et de constance surhumaine, pour défendre Paris contre le meilleur des princes et le plus clément des hommes, à quels horribles sacrifices ne vous soumettriez-vous pas volontiers pour défendre Paris du viol et de la souillure d'un ennemi sans foi, ni grandeur, ni noblesse, ni délicatesse !

*
* *

Et si cet affreux festin de mort vous épouvantait, souvenez-vous qu'en 1800, Masséna, pour donner le temps à Bonaparte de gagner la bataille de Marengo, fit manger à son armée assiégée dans Gênes, du cuir et d'autres aliments aussi succulents !

*
* *

Dieu, liberté, patrie ! nobles paroles que

le vieux Voltaire prononça sur la tête du petit-fils de Franklin qui lui demandait sa bénédiction.

Répétez-les, ces paroles sorties de la bouche de Voltaire quasi expirant, ce sont des paroles de vie et d'immortalité; répétez-les, elles vous seront un talisman pour la victoire !

*
* *

La victoire ! elle vous reviendra, croyez-le, elle ne saurait se plaire longtemps à l'étranger. La France est sa patrie, c'est la France qu'elle a presque toujours habitée.

*
* *

Avant de finir cette adresse de sympathies et de fraternel dévoûment, laissez-nous vous rappeler un épisode de votre histoire militaire :

C'était en 1836, après l'infructueuse attaque contre Constantine. Changarnier, alors chef de bataillon, couvrait avec 300 hommes la retraite commandée par le maréchal Clauzel. Tout à coup, 6,000 cavaliers font irruption sur les derrières de l'armée. Le moment était suprême pour cette poignée de braves chargés du salut de l'armée entière. Sans perdre une minute son sang-froid, l'héroïque chef de bataillon se place au centre de ses 300 hommes qu'il forme en carré, et s'adressant à ses soldats, il leur dit : « Vous êtes 300, ils sont 6,000, ne voyez-vous pas que la partie est égale? Feu ? » Ce jour-là Changarnier avait trouvé l'accent de l'héroïsme antique.

Français, debout! aux armes, citoyens! Obéissez à la voix de vos chefs, ralliez-vous sous le drapeau national, formez des colonnes mobiles sillonnant les départements envahis, et semant la terreur et l'épouvante dans les rangs étonnés des envahisseurs, formez des carrés, ces citadelles mouvantes, vomissant de tous côtés la mort sur vos ennemis; et jonchez la terre de France de leurs cadavres, pour qu'ils servent de pâture aux éperviers et aux vautours de vos campagnes dévastées!

*
* *

Adieu, chers et bien-aimés frères de France, adieu! Courage, roidissez-vous contre la mauvaise fortune, forcez par votre constance stoïque la victoire à revenir sous vos drapeaux et n'oubliez pas que nous vous aimerons jusqu'à la mort !

Vive la France! vive la République française!

(Applaudissements prolongés.) Les assistants entourent l'auteur de l'adresse, le remercient des sentiments qu'il a exprimés en leur nom, l'en félicitent, et lui serrent la main avec émotion et reconnaissance. Puis ils se séparent aux cris répétés de : Vive la France ! vive la République française !

www.ingramcontent.com/pod-product-compliance
Ingram Content Group UK Ltd.
Pitfield, Milton Keynes, MK11 3LW, UK
UKHW012302240726
13966UKWH00004B/1562